Grün, Gelb, Rot

Entdecke die Welt der FARBEN

Ravensburger Buchverlag

Komm mit und entdecke die Farben in der Natur!

Wenn du genau hinschaust, wirst du feststellen, dass es unzählige Farbtöne und Farbabstufungen gibt. Kein Grün ist zum Beispiel gleich: Es gibt waldgrün, apfelgrün, olivegrün, grasgrün …
Am Himmel, am Strand, im Wald, auf der Wiese – überall findest du die verschiedensten Farben. Und mit den Jahreszeiten verändern sich auch die Farben in der Natur.
Also halte deine Augen offen und sieh gut hin!

Gelb

Kanarienvogel

Sonnenblume

Schwamm

Grapefruit

Zitronengelb

Sonnenblume, Küken, Schwamm …
Schau, was alles gelb sein kann!

Goldgelb

Senfgelb

Gelb

Tukanschnabel, Bananen und Mais
sind alle gelb, wie jeder weiß.

Der Marienkäfer trägt ein rotes Kleid,
damit sieht man ihn ganz weit.

Gerbera

Marienkäfer

Rot

Feuerwanzen

Mohnblume

Rot

Tomatenrot, Kirschrot und Koralle,
findest du diese Farben hier alle?

Goldfische

Koralle

Feuerwehrrot

Tomatenrot

Von Rot zu Grün

Grün, Gelb, Gold und Rot, heute gibt's Äpfel zum Abendbrot.

Grün

Grün sind der Frosch,
das Gras und der Klee.
Grün ist alles, was ich hier seh.

Gras
Grashüpfer
Klee
Raupe

Grün

Grünes Gemüse siehst du hier.

Blattgrün

Apfelgrün

Welches davon schmeckt auch dir?

Erbsen

Grüne Bohnen

Artischocke

Weißkohl

Spinat

Meergrün

Waldgrün

Olivgrün

Von Grün zu Braun

Grün, Gelb, Orange oder Braun,
im Herbst fallen alle Blätter vom Baum.

Braun

Welches Tier lebt
im Wald und ist braun?

Pilz

Kiefernzapfen

Kastanie

Marone

Das Eichhörnchen!
Es klettert von Baum zum Baum.

Hellbraun

Der Labrador schaut
neugierig empor.
Das Kamel allerdings
blickt skeptisch nach links.

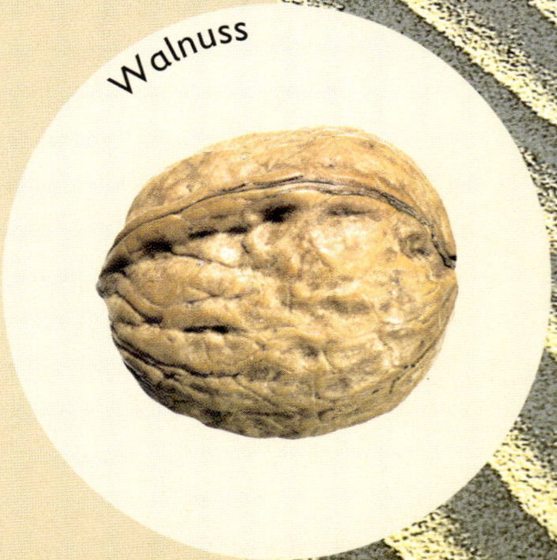

Sand
Kamel
Ei
Wüstenfuchs

Blau

Blau wie der Himmel
oder das Meer.
Diese Farbe gefällt mir sehr.

Der Himmel

Das Meer

Von Blau

Der Himmel

Der Himmel ist blau,
wenn der Tag beginnt …

zu Orange

… und abends orange,
wenn die Sonne versinkt.

Orange

Möhren

Cantaloupe-Melone

Aprikose

Orange

Was haben Möhren, Orange und Kürbis gemein?
Sie leuchten alle in Orange ganz fein.

Lila

Lavendelfeld

Der Lavendel duftet wundervoll,
und Lila find ich auch ganz toll!

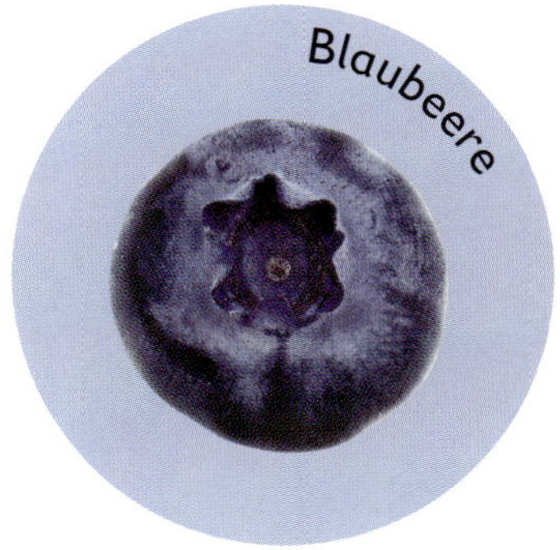

Lila

Iris

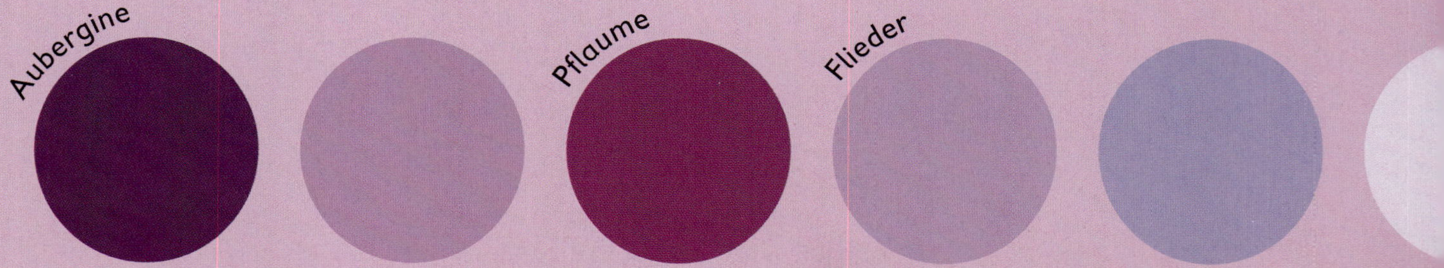

Stiefmütterchen

Flieder

Der lila Flieder blüht schon wieder.
Die kleinen Veilchen auch schon
ein Weilchen.

Veilchen

Transparent

Die Qualle ist fast unsichtbar.
Das findet sie ganz wunderbar.

Wassertropfen

Blatt

Luftblasen

Garnele

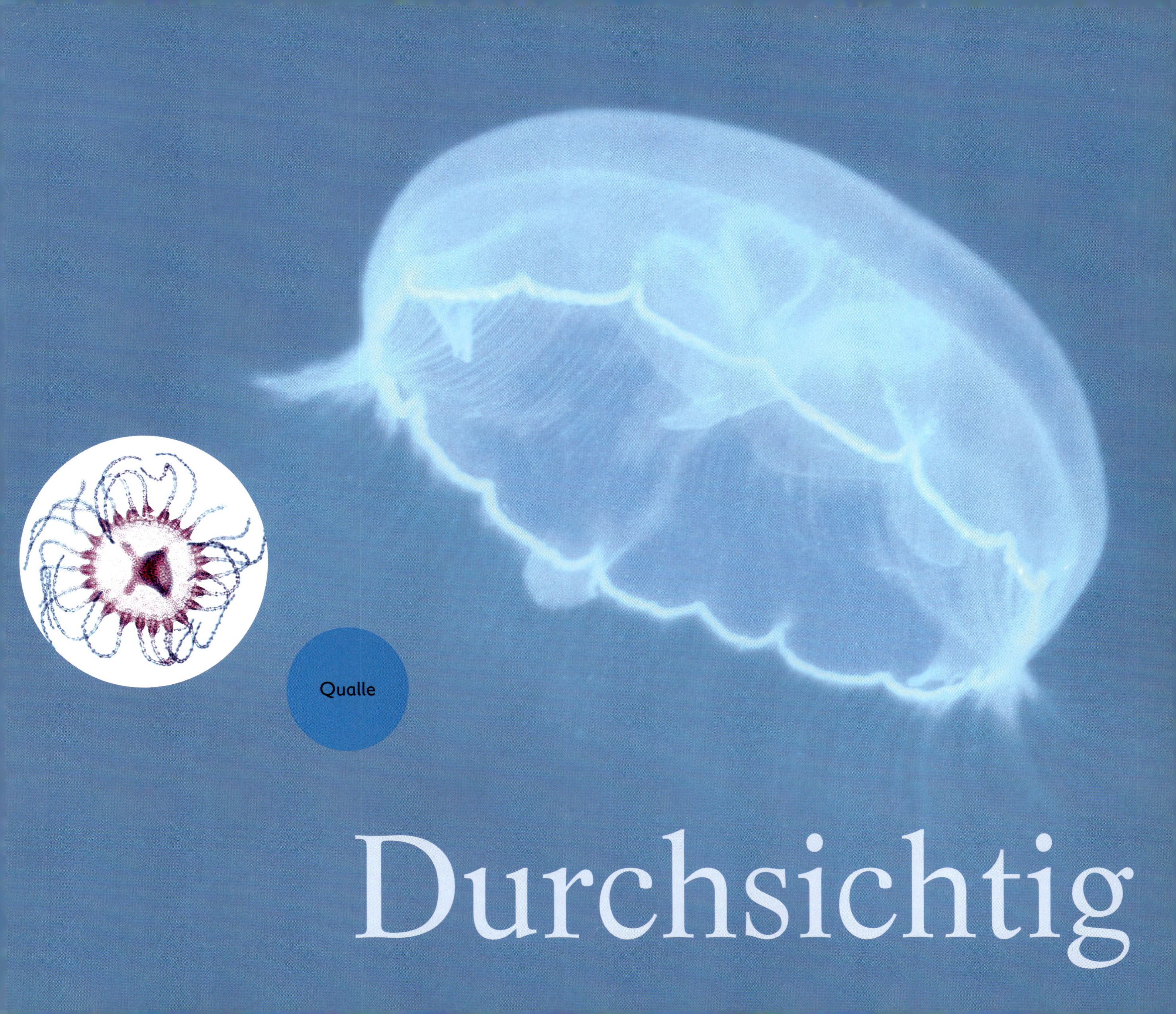

Qualle

Durchsichtig

Austernschale

Perlmuttfarben

Schillernd
wie das Schneckenhaus
sehen auch Perle und Auster aus.

Rosa

Rosa Flamingo

Der Flamingo steht gern
auf einem Bein und denkt:
„Wie schön es ist, rosa zu sein!“

Himbeerrosa

Fuchsia

Babyrosa

Das kleine Ferkel ist auch sehr froh.
Es mag Radieschen und Himbeeren so.

Grau

Am Strand liegen viele graue Steine,
flache, runde, große und kleine.

Jedes Kind weiß ganz genau:
Maus und Elefant sind grau!

Nachthimmel
Fledermaus
Ameisen
Brombeeren
Amsel

Schwarz

Die Katze sieht gut,
egal was sie tut –
auch bei Nacht.
Hättest du das gedacht?

Weiß

Schwan und Gans haben ein weißes Gefieder.

Wie kriegen sie das sauber immer wieder?

Weiß

Schnee

Edelweiß

Alle Blumen, die ich hier seh,
leuchten weiß wie der Schnee.

Gänseblümchen

Taube

Calla
Eis
Lilie

Schwarz

Der Dalmatiner schaut voller Neid
auf des Zebras Streifenkleid.

und Weiß

Ei

Zweifarbig

Braune Schale, weißer Kern.
Kokosnuss ess ich sehr gern.

Bunt

Bunte Schmetterlinge flattern umher.
Sie mögen die schönen Tulpen so sehr.

Bunt

Viele Fische in Pink,
in Gelb und in Blau.
Entdeckst du noch mehr?
Schau ganz genau!
Koralle

Bibliografische Information der Deutschen Nationalbibliothek:
Die Deutsche Nationalbibliothek verzeichnet diese Publikation in der Deutschen Nationalbibliografie. Detaillierte bibliografische Daten sind im Internet über *http://dnb.d-nb.de* abrufbar.

4 3 2 1 13 12 11 10

Titel der Originalausgabe: COULEURS DE LA NATURE

Bildnachweis:
Ask Images: Bartolucci E.: 51 l., 57 r.

Bios: Bach J.-C.: 44 l.; Barbelette E.: 24 u.r.; Bertani T.: 37 o.r.; Bolton M.: 35 u.l.; Cahez F.: 52 o.r.; Cavignaux P.: 28 l.; Collection Leber: 24 u.m.l.; Cox D./OSF: 53 u.r.; Da Cunha T.: 12 m.; Denis-Huot M. & C.: 45 r., 19 u.r.; Douillet J.: 21 o.m., 36 & 37; Feve F.: 37 u.; Gilson F.: 18 u.r.; Grospas J.-Y.: 18 o.r., 50 o.r.; Gunther M.: 8 o.l., 22 & 23; Halleux D.: 8 & 9; Klein-Hubert: 24 o.l., 26 u.l., 28 r., 29 r.; Le Fèvre M.: 38 m.l.; Lemoigne J.-L.: 24 u.l.; Lenain H.: 36 l.; Lopez G.: 46 u.m.; Lundberg P.: 48 & 49; Malausa J.-C.: 19 l.; Marquez F.: 42; Mayet J.: 12 u.r.; Petit T.: 27 u.m.; Prévot J.M.: 18 m., 50 u.l.; Sement D.: 52 & 53; Stoerckle T.: 46 o.; Vidal F.: 43 u.m.; Ziegler J.-L. & F.: 13.

Colibri: Lavergne J.-Y.: 8 u.l.; Testu C.: 14 o.r., 59 u.l.

Getty Images: Biodisc: 39 l.; Bracegirdle J.: 25 r.; China Tourism Press: 14 & 15 u.; Darrell Gulin: 40; Davies & Starr: 41 l.; Elsdale B.: 24 m.r.; GSO Images: 40 o.l.; Kelly M.: 39 r.; Knowles J.: 38 l.; Lawrence J.: 6.

Hachette Photos: Desmier X./RAPHO: 38 m.

Phone: Balanca E.: 26 o.r.; Grenet-Soumillard: 19 o.r., 25 u.l.; Labat J.-M. & Rocher P.: 45 l..

Photononstop: Mauritius: 38 r.

Sunset: FLPA: 11

Marc Schwartz: 10 & 11 u., 10 l., 14 l., 15 r., 15 o.l., 16 & 17, 20 & 21 u., 20 & 21 o., 20 m., 20 l., 21 u.m., 21 o.r., 24 u.m.r., 25 u.m., 27 o.l., 32 u.l., 32 o.l., 33 u., 33 o.r., 35 m, 43 l., 54 & 55, 54 l.

DR.: Umschlagvorderseite

Deutsche Ausgabe:
Umschlaggestaltung: Eva Bender
Text und Redaktion: Tina Beutner
Printed in Germany

ISBN 978-3-473-55251-1

www.ravensburger.de